Glück ist, wenn man Freunde hat!

W0321112

arsEdition

Was ist Glück? Was bedeutet Liebe? Was macht einen guten Freund aus? Und: Wann gibt es endlich wieder Futter? Diese und ähnliche Themen beschäftigen die Peanuts in den beliebten Comics von Charles M. Schulz. Durch ihre ganz besondere Sicht der Dinge gelingt es Snoopy, Charlie Brown, Lucy, Linus und Co., Antworten auf die großen und kleinen Fragen des Lebens zu finden.

Die schönsten Weisheiten von Charles M. Schulz und seinen Peanuts sind auf den folgenden Seiten versammelt.

Glück
ist für jeden etwas anderes.

Glück ist,
barfuß
durchs Gras
zu laufen.

Ich lebe in der
ständigen Angst,
dass jemand einbrechen
und all meine
Hank-Williams-Platten
stehlen könnte.

Liebe ist
ein gemeinsames Lied.

Liebe ist,

in einem
Hauseingang
zu warten,
nur um sie
zu sehen,
wenn sie
vorbeikommt.

Ein **Freund**
ist jemand,
der dir einen Platz
in der Schlange
freihält.

Glück ist,

wenn man die Musik vor Augen hat.

Geborgenheit ist,
jemanden
zum
Anlehnen
zu haben.

Glück ist

ein Schwarm Schmetterlinge.

Wie soll man Liegestütze machen, wenn einem die Nase im Weg ist?

Geborgenheit ist,
wenn man
ein paar **Knochen**
auf die hohe Kante
gelegt hat.

Glück

ist ein Luftballon.

Ein Freund
ist jemand,
der dir
beim Tauschen
auch mal
die **bessere**
Karte gibt.

Liebe ist,

Hand in Hand spazieren zu gehen.

Ich hab gern
ein Nachtlicht.

Na und?

Der abscheulichste Anblick auf der ganzen Welt: ein leerer Futternapf!

Glück ist,
passende Socken zu tragen.

Ein Freund

ist jemand, der mit dir spielt.

Liebe ist,

gemeinsam Streuselkuchen zu backen.

Glück ist

ein Haufen Blätter.

Ich hasse es, wenn es auf meinen Marmeladentoast schneit!

Geborgenheit ist, zu einer Gang zu gehören.

Weihnachten ist,
wenn man Unmengen
Karten von Leuten erhält,
denen man selbst
keine geschickt hat!

Ein Freund
ist jemand,
der versteht,
dass du deinen
Erdbeer-Shake
am liebsten
ohne Erdbeeren
magst.

Geborgenheit ist,
wenn einem jemand zuhört.

Ich hab's gern, wenn der Regen aufs Dach prasselt, während ich schlafe.

Glück ist,
beim Kino zu sein,
bevor
die Kasse aufmacht.

Schnee

ist auch ganz nett.

... Hauptsache,
ich bin beliebt!

Du kannst mich
kritisieren,
so viel du willst,
aber misch dich nicht
in meine Futter-Angelegenheiten ein!

Armer, alter Charlie Brown ...
Er sollte sich wirklich
ein Beispiel
an mir nehmen.
Mir ist es egal,
ob ich Freunde habe
oder nicht ...

Glück ist,
wenn ein paar Freunde
bei dir übernachten.

Das ist nichts
für mich ...
Ich brauche
alle Freunde,
die ich kriegen
kann!

Liebe ist,
sich zu fragen, was er wohl gerade macht.

Nimm dir an mir
ein Beispiel,
Charlie Brown.
Ich brauche
keine Freunde ...
Ich bin mir selbst genug!

Dreihundertundfünfzig Millionen Dollar werden im Jahr für Hundefutter ausgegeben! Ob da das Trinkgeld schon dabei ist?

Glück ist,
einen neuen Freund
zu finden.

Glück ist,

zu krank für die Schule zu sein,
aber nicht zu krank,
um fernzusehen.

Glück ist,
den ersten Preis
zu gewinnen.

Ein Freund ist jemand,
der mit dir über das Leben
nachdenkt.

Liebe ist,

zusammen durch den Regen zu laufen.

Glück ist
eine Eins
im Diktat.

So ein Pech!
Da plant man einmal ein Picknick,
und schon gibt es
eine Heuschreckenplage!

Ein **Freund**
ist jemand,
der dich von der
Leine lässt!

Glück ist,
zu wissen, dass man noch ein paar Jährchen vor sich hat.

Liebe ist,
seine besten Comics
zu verleihen.

Weihnachten ist,

wenn man seinen

kleinen Bruder umarmt.

Eine Nacht,

**in der man unablässig
von Katzen geträumt hat,
kann meiner
bescheidenen Meinung nach
nicht als erholsam gelten.**

23 Pfund …
… wie demütigend!

Glück ist,
im eigenen Bett
zu schlafen.

Glück ist
ein **trauriges** Lied.

Geborgenheit ist,
den Babysitter zu kennen.

Es geht
doch nichts
über einen **Kumpel**,
der in der
Campingabteilung
vom Kaufhaus
arbeitet!

**Weihnachten ist,
wenn man begreift,
wie wenig man
für 50 Cent
kaufen kann.**

Glück ist,
eine gute Mannschaft hinter sich zu wissen.

Weihnachten ist,
seiner Mutter
etwas zu kaufen,
was sie schon immer
haben wollte ...
eine Flasche Badesalz
für 49 Cent.

Liebe ist,
sich in der Schule
Zettel zu schreiben.

Hält **niemand** eine Tischrede?

»Tauben im Gras, ach, Beagle auf dem Dach!«

Glück ist
ein Regenschirm
und ein neuer
Regenmantel.

Glück ist,

die Eintrittskarten nicht zu verlieren.

Liebe ist,

sich zu wünschen,
dass man sich
endlich traut,
das kleine rothaarige
Mädchen
anzusprechen.

Ein **Freund**
ist jemand,
der es nicht
für verrückt hält,
alte Platten
zu sammeln!

Glück ist **ein Baseball mit Autogramm.**

Glück ist, von der
Schule heimzugehen,
ohne Angst zu haben,
verprügelt zu werden.

Manche Leute
kriegen
einfach **nichts**
auf die Reihe.

Ein Freund ist jemand,
der dir einen Brief schreibt –
auch wenn der langweilig ist!

Glück ist,
wenn jemand
vor der Tür steht,
den man mag.

Wusste ich's doch, dass ich **ein Picknick** gerochen habe!

**Geborgenheit ist,
zu wissen,
dass der
große Hund
wirklich nicht
raus kann.**

Glück ist,

wenn man aufwacht und feststellt, dass man noch zwei Stunden schlafen kann.

Genau genommen
haben Flieger-Asse
aus dem Ersten Weltkrieg
eher selten Malzbier
getrunken.

Auswärts essen
kann **sehr schön**
sein!

Glück ist,

mit drei Freundinnen

im Sandkasten

zu spielen …

ohne jeden Streit.

Liebe ist,
nicht zu nörgeln.

Der Weltraum

fasziniert mich.

**Glück ist,
Naturlocken
zu haben.**

Glück ist eine kalte Dusche
an einem heißen Sommertag.

Mist!
Jemand hat das Licht
am Billardtisch
angelassen!

Ein **Freund** ist ein Mensch, den man gut kennt und mag.

Glück ist,
etwas zu haben,
worauf
man sich **freuen**
kann.

Das bin ich!

Geborgenheit ist,
in einem Karton zu sitzen.

So was.
Wer hätte das gedacht?

Ketchup
oder Mayo?

Glück ist,

den Wind und den Regen zu spüren.

Hmm – Daumen mit Eis!

Glück ist
ein **kuschliges**
Hündchen.

Liebe ist,
jemandem
von deinem
Taschengeld
ein Geschenk
zu kaufen.

Die Leute
vom Ehemaligenverband
der Daisy-Hill-Welpenfarm
melden sich auch nur,
wenn sie mal wieder
Geld haben wollen.

Ich hasse windige Tage!

Liebe ist
Kitzeln.

Glück ist eine warme Decke.

Glück ist ein Kletterbaum.

Ein **Freund** ist jemand,
den man in den Arm knuffen kann!

Sicherheit ist, einen Extra-Schlüssel für die Hintertür zu verstecken.

Glück ist,
eine Handtasche
zu besitzen.

Liebe ist,

sich jemandem in einem Brief anzuvertrauen.

Ich weiß **nie**,
wohin mit dem
gebrauchten
Teebeutel …

Geborgenheit ist,
zu wissen,
dass man nicht
drankommt.

Glück ist,
im Sommer
im See zu baden.

Kein Kompliment an den Küchenchef!

Geborgenheit
ist die Gewissheit, dass man nicht allein ist.

Liebe ist,
jemandem
die Haare
zu verwuscheln.

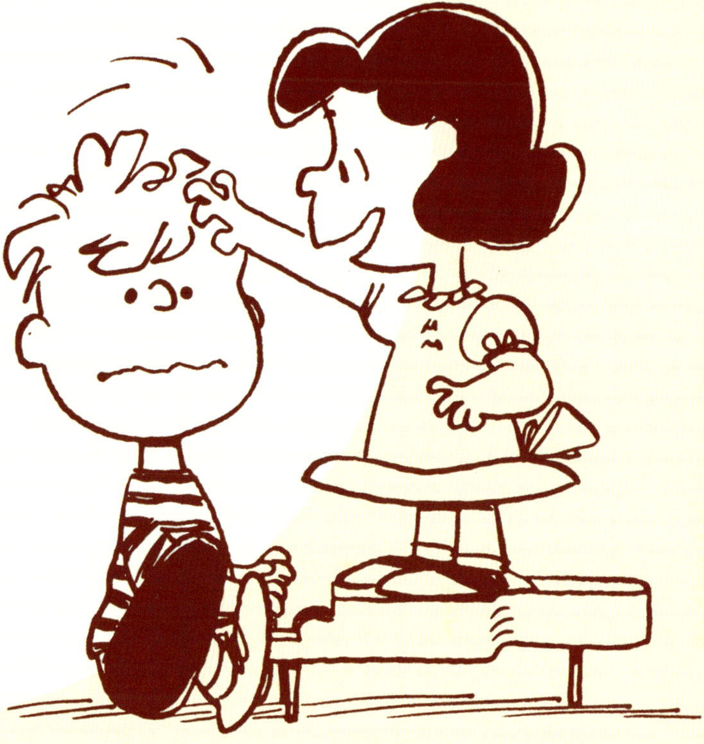

Glück ist
ein Stapel
alter Comics.

Glück ist
ein leckeres Pausenbrot.

Liebe ist,

sie auf dem Schulhof unter vierhundert anderen Kindern sofort zu entdecken.

Ein Futternapf,
der beobachtet wird,
füllt sich nicht!

Glück ist,
einen Brief
aus dem Ferienlager
nach Hause
zu schicken.

Geborgenheit ist, einen großen Bruder zu haben.

Ein Freund ist jemand, der dich so akzeptiert, wie du bist.

Glück ist,
seine Feinde
zu **lieben.**

Glück ist,
seinen Vater
zu überraschen,
weil man
vor dem Haus
Schnee
geschippt hat.

Ein Freund ist jemand, der dir aus dem Urlaub eine Postkarte schickt.

Zu Hause

ist auf dem Dach
einer Hundehütte.

**Zeig mir
einen Tierarzt,
und ich zeige dir
einen Mann,
der es liebt,
mit Spritzen
zu hantieren!**

Glück ist ein nettes Wort von deiner Schwester.

Glück ist Beethovens Klaviersonate Nr. 11 B-Dur op. 22.

Geborgenheit
ist ein Schokoriegel,
der im Kühlschrank
versteckt ist.

Liebe ist,
wenn man
sein Popcorn
teilt.

Glück ist
eine Portion
Pommes frites
als Beilage.

Glück ist
ein Bürgersteig,
der schön eben ist.

Ich muss einfach nur weiterfressen,
bis ich die ... Dingsda ...
vergessen habe ...

Glück ist
ein Daumen
und eine Decke.

Glück ist,
die Bauchbinde
der Zigarre
deines Vaters
als Fingerring
zu tragen.

Weihnachten ist das schreckliche Gefühl, dass wieder ein Jahr ins Land gegangen ist.

Weihnachten ist,

anderen etwas mehr zu geben

als unbedingt nötig.

Ich hab dir einen
Hustenbonbon
gegen deine
Erkältung obendrauf
gesteckt!

Ein Freund ist jemand,
der freiwillig die Seite wählt,
auf der man gegen
die Sonne spielen muss.

Glück ist,

sich mit seinen Freunden zu treffen.

Glück ist,

zu wissen,
dass man einen
weiteren Tag
geschafft hat.

Liebe ist

ein Telefonanruf.

Liebe ist,

mit der ganzen Familie auszugehen.

Glück ist,
die Schüssel
auszulecken.

Das ist **vermutlich** der einzige Hund auf der Welt, der sich Sorgen um seinen Cholesterinspiegel macht!

Eigentlich
habe ich nur
eine Kartoffel
in ein Glas Wasser
gelegt und, tja …

Glück ist ein neuer **Pullover**
an einem kalten Samstagmorgen.

Glück ist,
wenn man
den Splitter
endlich
raus hat.

Ein **Freund** ist jemand, der sich deine Lieblingssendungen mit dir anschaut.

Ein Freund ist jemand, der für dich eintritt, wenn du nicht da bist.

Ich **esse**,
weil ich
frustriert bin,
und ich bin
frustriert,
weil ich nicht genug
zu essen kriege!

Glück ist,
den Blättern
beim Fallen
zuzusehen.

Glück ist,
während der Heimfahrt
auf dem Rücksitz
zu schlafen.

Liebe ist

eine Flagge.

Liebe ist,
jemandem
mitten
in der Nacht
ein Glas Wasser
zu bringen.

Ich **hasse** leere Futternäpfe!

Glück ist,

auf den Großen Kürbis zu warten –

jedes Jahr an Halloween!

Glück ist
eine Kette
aus Büroklammern.

Glück ist

ein Karamellbonbon,
das man
auf Anhieb
fängt.

Geborgenheit ist,
nach den Ferien
nach Hause
zurückzukehren.

Ich saß hier
und habe ferngesehen,
als ich plötzlich hörte, wie ein
Marmeladentoast meinen Namen rief!

Es muss Essenszeit sein ... Meine Magenuhr schlägt Alarm!

Glück ist,

aus dem Krankenhaus heimzukommen.

Glück sind viele, viele Kerzen.

Ich glaube,

heute nehme ich mein Futter aus dem gelben Napf und mein Wasser aus dem roten …

Das Leben ist zu kurz, um nicht ab und an einen draufzumachen!

Liebe ist,
wenn man es hasst,
sich zu
verabschieden.

Ein Freund
ist jemand,
der die gleiche Musik
verabscheut wie du!

Glück ist ein voller Futternapf!

Ein **Freund**
ist jemand,
der die
gleiche Musik
mag wie du.

Liebe ist

eine Valentinskarte mit einer Spitzenborte.

Glück ist, wenn man **Muskeln** hat.

Ich vermisse die
Muppet Show.

Ich liebe Büfett!
Ich nehme hiervon etwas
und davon etwas …
und auch ein wenig
von dem da
und noch etwas
von jenem!

Glück ist,
wenn man alle
Antworten weiß.

Geborgenheit ist, eine Heimatstadt zu haben.

Sicherheit ist,
sich die Nummer
vom Schließfach
aufzuschreiben.

Glück ist,

wenn man nach
Weihnachten
alle Dankesbriefe
geschrieben hat.

Glück ist,

wenn man endlich bis zum Türknauf reicht.

Liebe ist

ein Besuch bei einem kranken Freund.

Fünf Minuten ...

länger ertrage ich es hier drinnen nicht, ohne klaustrophobisch zu werden!

Jeder
sollte im Sommer
wenigstens
eine Nacht
draußen zelten.

Ein Freund ist jemand, der nichts kritisiert, was du dir gerade neu gekauft hast.

Glück ist,
zu wissen,
dass noch Kuchen
übrig ist.

Glück ist
ein Korb
voller Ostereier.

Mist! Er gibt immer zu viel Marmelade auf meinem Marmeladentoast!

Habt ihr schon mal
einen dieser Tage erlebt,
an denen man unbedingt
jemanden ins Bein
beißen will?

Ein **Freund**
ist nicht eifersüchtig,
wenn du noch
andere Freunde
hast.

Glück – das sind gelbe, schwarze, orangefarbene, weiße und lila Bonbons, aber keine grünen.

**Wir haben
Mitte Januar!
Es schneit und
es ist eiskalt!
Und was serviert
man mir?
Kalte Cornflakes.**

Glück ist
ein Nachtlicht.

Glück ist,

wenn man in den Weihnachtsferien keinen Aufsatz schreiben muss.

Liebe ist

ein Brief
auf zartrosa
Papier.

Liebe ist,
wenn dir jemand beim Bleistiftanspitzen hilft.

Glück ist,
Verstecken zu spielen –
genauso wie früher.

Wie soll man
mit Schuldgefühlen
essen?

In einer
klaren Nacht
empfange
ich sogar
Mexico City!

Glück ist,
im Ferienlager
zu singen.

Weihnachten ist,
seine Mutter
in einem überfüllten
Laden zu verlieren.

Glück ist

ein neues Spielzeugauto.

Glück ist,

wenn man seine Schuhe selbst zubinden kann.

Ich glaube,
ich bin allergisch
gegen das
Aufwachen.

Geborgenheit ist,
ein eigenes Heim
zu besitzen.

Glück ist,
seinen Text
zu kennen.

Glück ist

ein flauschiger Pullover.

Ein Freund

**ist jemand,
der etwas mit dir
gemeinsam hat,
Charlie Brown.**

Der Kakao
schmeckt **gut**,
aber noch besser
wäre er mit
einer Skihütte
drum herum!

Dachte ich's mir doch …
er verkleinert meine Portionen!

Glück ist
ein Schluckauf …
… wenn er
vorbei ist.

Glück ist,

mit Oma

Karten zu spielen.

Ein Freund

ist jemand,
der sein Haus
mit dir teilt.

Glück ist,
einen eigenen Bibliotheksausweis
zu besitzen!

Glück besteht
aus 18 verschiedenen
Farben.

Weihnachten ist,
wenn man sich wünscht,
man hätte das bescheuerte Geschenk
gleich im Laden einpacken lassen.

Weihnachten ist bereits zwei Monate her und ich bekomme immer noch Lebkuchen vorgesetzt!

Glück ist,
endlich seine Schneidezähne zu bekommen.

Glück ist,

sich an Halloween zu verkleiden.

Ein Freund ist jemand,
der dich glücklich macht.

Donnerstags kommen immer ein paar Freunde zu mir, um Bridge zu spielen.

Glück ist,
wenn der Arzt sagt:
»Nein, sie braucht
wohl keine Spritze.«

Glück ist,
wenn man merkt,
dass man doch nicht
so dumm ist.

Liebe ist,
glücklich zu sein,
nur weil sie glücklich ist …
aber leicht ist das nicht.

Immer diese Pendler!

Das Schlimmste am Alleinleben ist, dass einem nie jemand ein kleines **Betthupferl** vorbeibringt.

Glück –

das sind 35 Cent fürs Kino,
15 Cent für Popcorn
und fünf Cent für einen Schokoriegel.

Glück ist

eine klingelnde Pausenglocke, kurz bevor man mit Vorlesen drankommt.

Ein Freund
ist jemand, der dich mag,
auch wenn andere dabei sind.

Zuhause ist,
wo deine Freunde
sich wohlfühlen.

Mein Magen behauptet,
es wäre **Essenszeit**,
aber das stimmt nicht!
Ich hasse es, wenn
mein Magen lügt!

Glück ist,
unter dem Kinn gekrault zu werden.

Glück ist,
das kleine Teil
mit der rosa Ecke,
einem Stück Himmel
und der Spitze
vom Segelboot
zu finden.

Um eine
unglückliche
Liebe zu vergessen,
muss man jede Menge
Zeugs futtern!

Ist tatsächlich schon wieder Herbst?

Glück ist,
Schneeflocken
mit der Zunge
zu fangen.

Geborgenheit ist,
seine Mutter in
der Küche zu hören,
wenn man
von der Schule
nach Hause kommt.

Was macht man nur,
wenn die National-Geographic-Sammlung
überhandnimmt?

Glück ist
ein Spitzenplatz
bei der großen
Straßenparade.

Liebe ist,
ihn gewinnen
zu lassen,
auch wenn man
ihn problemlos
fertigmachen
könnte.

Ich mecker
zwar viel rum,
aber eigentlich
liebe ich
mein Zuhause!

Glück ist,

sich endlich wiederzusehen.

Liebe ist,
Menschen
zu mögen.

Kennt ihr sonst
noch jemanden,
der den »Beagle«
tanzen kann?

Liebe ist,

Ideen zu mögen.

Glück ist,
einen Streit
mit deiner
Schwester
zu gewinnen.

Liebe ist
die ganze Welt.

Charles Monroe Schulz (1922–2000) zählt zu den beliebtesten US-amerikanischen Comiczeichnern. 1950 zeichnete er seinen ersten Peanuts-Comic und begründete damit eine der erfolgreichsten Comicserien aller Zeiten. Zwölf Jahre später erschien sein erstes Buch »Happiness is a Warm Puppy«, das sich weit über eine Million Mal verkaufte und zum Auftakt der mehrbändigen »Happiness is«-Reihe wurde, auf der dieser Aufsteller basiert. Im Laufe seines Lebens verfasste Charles M. Schulz über 17 800 Comicstrips sowie diverse Drehbücher für Peanuts-Verfilmungen und wurde mit zahlreichen Preisen geehrt.

PEANUTS

Aus dem Amerikanischen von Matthias Wieland
Grafische Gestaltung: Eva Schindler, Ebersberg
Printed by Tien Wah Press
ISBN 978-3-8458-0874-1
1. Auflage

FSC www.fsc.org
MIX
Papier aus verantwortungsvollen Quellen
FSC® C012700

www.arsedition.de